$Lb\ ^{49}_{204.}$

# RÉSUMÉ

DES

## TRAVAUX LÉGISLATIFS

DE LA CHAMBRE DES DÉPUTÉS,

SUR L'INDEMNITÉ A ACCORDER AUX ÉMIGRÉS.

PAR M. BÉNABEN.

(*Extrait de la* Gazette de France.)

A PARIS,

CHEZ PILLET AINÉ, IMPRIMEUR-LIBRAIRE,

RUE CHRISTINE, N° 5.

—

AVRIL 1825.

DE L'IMPRIMERIE DE PILLET AÎNÉ,
rue Christine, n 5

# RÉSUMÉ

DES

## TRAVAUX LÉGISLATIFS

DE LA CHAMBRE DES DÉPUTÉS,

SUR L'INDEMNITE A ACCORDER AUX ÉMIGRÉS.

---

Les dernières intentions du Roi-Législateur sont remplies : la justice, l'humanité, la loi civile et la loi religieuse sont enfin satisfaites.

Un grand acte d'iniquité avait eu lieu au nom de l'État. En réparant cette iniquité, autant qu'il est en lui, l'État gagne en effet tout ce qu'il semble perdre. Le sol ne tremblera plus; la confiscation est désormais impossible. C'est une prime d'assurance, non-seulement pour notre nation, mais pour le genre humain.

Malheureusement il est des questions, fort simples au premier coup d'œil, qui se compliquent par l'examen; et la meilleure application du principe le plus évident est quelquefois un problème.

Plus malheureusement encore, la passion impute aux hommes les difficultés qui viennent de la nature des choses, faussant par un double prestige l'opinion, et sur les choses et sur les hommes.

C'est ainsi que les adversaires des ministres ont reproché au projet de loi les embarras nés du sujet même. Ils n'ont pas tenu compte du témoignage de l'honorable rapporteur, qui a déclaré que dans le nombre presque infini de plans soumis à la commission, elle n'avait pas trouvé une idée neuve. Il est vrai que le plan de M{$^r$} T. L. n'en était point.

Nous entreprenons d'exprimer en un très-petit nombre de résumés la substance de ces débats vraiment historiques. Ce travail ne sera point inutile ; il concentrera l'attention, égarée peut-être dans les détours de la plus longue discussion dont les annales parlementaires offrent l'exemple.

Le projet fut présenté le 4 janvier, par M. de Martignac. Cet éloquent orateur ne resta pas, dans un si grand travail, au dessous de lui-même. Il attesta la charte qui, par un article, abolit les confiscations, et par un autre garantit le produit des confiscations ; il rappela cette loi du 5 décembre 1814, qui faisait remise aux émigrés de leurs biens non vendus ; il indiqua, sans la développer peut-être autant qu'il l'aurait pu, la connexion entre la loi présente et celle de 1814. N'est-ce pas en effet une chose claire comme le jour, que la loi de 1814 était l'annonce de la loi nouvelle, et qu'il ne pouvait entrer dans la pensée du Roi-Législateur d'abandonner la justice au hasard des événemens ?

M. de Martignac est allé au devant d'un argument que sa prévision n'a pas empêché de reparaître sous mille formes : c'est l'argument tiré du grand nombre des pertes éprouvées par toutes les conditions et toutes les classes, argument dont la révolution est fière, comme un assassin fameux serait fier du grand nombre de ses crimes, argument qui se réduit à cette justice des brigands : Ne pouvant payer tout ce que nous avons pris, ne payons rien.

C'est par une fiction ingénieuse à la fois et officieuse que la charte donne le nom d'*Etat* au gouvernement qui consomma tant d'injustices. Il n'est pas un homme de sens qui ne comprenne que l'Etat ne saurait être à la fois proscripteur et proscrit, qu'une même volonté n'a pu dicter les lois qui ont organisé la révolution, et les lois qui l'ont détruite. Mais le législateur cédait à ce grand besoin de la personnalité des nations; il ne voulait pas rompre la chaîne des tems, lui qui était venu la renouer.

La prescription a fourni le sujet d'un autre argument inapplicable à l'espèce présente. Quel est, en effet, le vrai motif du bénéfice de prescription? c'est l'intérêt des héritiers et des légataires, lesquels possèdent de bonne foi ce qui dans l'origine fut vendu de mauvaise foi. Certes, si le spoliateur était immortel, la loi de prescription serait une loi d'iniquité. La prescription, bonne pour les particuliers, ne saurait donc être attestée par l'Etat; car, suivant M. Canning : *Qu'est-ce qu'un siècle dans la vie d'une nation ?*

Le rapport tant attendu de la commission a paru le 11 février. L'honorable M. Pardessus a soutenu avec beau-coup de force et de logique le principe de la réparation; car c'est réparation plutôt que restitution qu'il faudrait nommer la mesure proposée, soit parce qu'au fond ce n'est point l'*Etat* qui a pris; soit parce qu'une restitution, pour mériter ce nom, doit être entière; soit enfin, comme l'a fait observer un membre de l'opposition, parce qu'une propriété ne peut avoir deux maîtres. M. Pardessus ne s'est pas trouvé d'accord avec le commissaire du gouvernement sur quelques moyens d'exécution. En général, le gouvernement a donné plus à la politique, et la commission plus à la justice privée. Le gouvernement a plus savainment combiné deux intérêts qui seront désormais inséparables ; la commission a satisfait plus pleinement l'intérêt spécial qu'il s'agissait de satisfaire.

Nous avons énoncé notre opinion sur l'amendement qui confère aux légataires universels la représentation des anciens propriétaires. Le projet ministériel attribuait ce droit aux héritiers du sang, heureux acheminement à la restauration des familles historiques et des grands patronages ; mais la commission n'a voulu envisager que le droit commun, proscrivant ainsi tout amendement qui établirait un droit exceptionnel, et conduite pourtant, au dernier jour des débats, à l'adoption d'un amendement de ce genre.

La commission s'est trouvée à peu près d'accord avec le gouvernement sur les droits des créanciers, droits entièrement contestés par les uns, injustement exagérés par les autres. Les premiers opposent les lois de déchéance. Mais si l'argument est bon contre les créanciers, il sera bon contre les débiteurs ; si la légalité l'emporte en un point sur la légitimité, il faut qu'elle l'emporte sur tous, et il n'y aura pas de réparation. Les seconds voudraient que les créanciers recouvrassent le capital avec les intérêts ; mais les débiteurs recouvrent-ils les fruits de trente années ? recouvrent-ils même leur entier capital ? Ici la commission a poussé les conséquences du principe plus loin que le gouvernement ; car elle autorise le débiteur à se libérer en 3 pour 100. Et sur ce point, le raisonnement de la commission est péremptoire. Une même jurisprudence doit s'appliquer *à ceux dont les biens furent déclarés nationaux et à ceux dont les créances furent déclarées nationales.*

Mais de toutes les dispositions du projet, celle qui a

le plus occupé la commission et la chambre, c'est l'article 2, renfermant le système des évaluations.

Il y a deux classes de propriétés confisquées, correspondant aux deux grands systèmes de confiscation. Avant le 12 prairial an 2, la mise à prix était arbitraire. Par le décret du 12 prairial, elle fut calculée sur le revenu de 1790. Mais comment le revenu de 1790 était-il déterminé? Avant le 12 prairial, on atténuait directement la valeur du fonds par une volonté despotique. Après le 12 prairial, on l'atténua indirectement par des données frauduleuses. Quels remèdes à ce double vice? l'expertise actuelle? Il faudrait recomposer par la pensée des domaines divisés, les rôles et matrices de contribution? Presque partout ils sont détruits. Ils ne seraient d'ailleurs qu'un nouveau témoignage des difficultés de l'opération; car qui ne connaît la disproportion de l'impôt entre les divers départemens? Elle était plus choquante encore en 1790; et comment, sur une base variable, asseoir une mesure uniforme? Les baux? Mais il y aura donc une exception pour les pays où le régime des baux est inconnu. Les jurys d'équité? S'ils répondent à leur institution, le travail peut devenir interminable. Ce serait bien pis, s'ils n'y répondaient pas. Toutes ces objections s'appliquent à un système d'évaluation préexistant à la répartition. Dans le système contraire, la répartition aurait lieu d'abord entre les départemens, qui procéderaient eux-mêmes à la sous-répartition. Mais n'est-ce pas ici un cercle vicieux? car cette répartition entre les départemens, quelle en sera la base? Les évaluations, sans doute; et les évaluations fondées sur la mise à prix pour les propriétés confisquées avant le 12 prairial, et sur le revenu de 1790 pour les propriétés confisquées après. Ce n'est pas tout.

Que nous apprendront ces documens? Le prix des biens aliénés. « Mais les déductions pour dettes n'entreront » point en ligne de compte, les dettes n'ayant point été » liquidées au lieu où les biens étaient situés ; mais au der- » nier domicile de celui qui était frappé de confiscation. » Ainsi, la commission est ramenée par la force des choses à ce projet ministériel dont elle avait abordé l'examen dans une *sorte de préoccupation*, et comme résolue à le changer.

La discussion s'ouvre le 17, en dépit de M. Girardin, qui l'arrêta d'abord par une question d'incompétence. « Vous êtes émigrés, et vous jugez la cause des émigrés! » A ce compte, renvoyez les magistrats toutes les fois que vous traiterez de la jurisprudence, excluez les commerçans quand il s'agira de douanes, et dans la discussion de l'impôt foncier, remplissez la chambre de prolétaires. Cette objection a fourni à M. de la Bourdonnaye un beau mouvement oratoire. « Vous qui vous glorifiez d'être ici » les représentans d'une opinion et ses défenseurs, dans » quelle circonstance, dites-le nous, vous êtes-vous re- » tirés quand cette opinion était attaquée? Etes-vous res- » tés neutres dans la discussion des lois d'élection qui tou- » chaient à vos intérêts privés, comme à votre intérêt géné- » ral? Etes-vous sortis de cette chambre quand il s'agissait de » prononcer sur des troubles publics, ou des accusations » dans lesquelles vous étiez impliqués? Avez-vous exclu » de vos délibérations les trente associés des compagnies » des canaux, qui mirent un poids si prépondérant dans » la question importante de la canalisation? Avez-vous » exclu les banquiers des emprunts dans la loi de création » des rentes? Avez-vous le projet de vous récuser, vous » tous qui possédez des rentes sur l'Etat, quand il s'agira » de réduction des rentes? »

Le veto de M. de Girardin une fois écarté, la guerre de principes commence, et voici d'abord M. de Labbey de Pompières à la brêche. M. Labbey a beaucoup appris, sans doute; mais il n'a rien oublié. Un épiménide libéral qui se serait endormi en 1793, et se réveillerait aujourd'hui, ne parlerait pas une autre langue. Pitt et Cobourg, le fameux manifeste, Verdun et Valmy; il ne manque à tout cela que la Marseillaise. Mais voici qui n'est plus de tradition. Un auguste émigré dit, en remettant le pied sur le sol de la France : « Il n'y a qu'un Français de plus. » Pouvait-il s'attendre à voir ses nobles paroles travesties en une apologie de la révolution? S'il n'y a qu'un Français de plus, traitez donc ses compagnons d'infortune comme des Français, et non comme des ilotes.

Érasme fit l'éloge de la folie; M. Labbey fait l'éloge de la confiscation. Il la représente sous des formes si douces, il nous trace de ses bienfaits un tableau si séduisant, qu'on serait tenté de rendre grâces au sénat jacobin pour sa philantropie. *La confiscation* avait eu son Anacréon; elle aura maintenant son Isocrate.

M. Agier distingue avec beaucoup de sagacité la loi de grâce de la loi de justice, et tire de cette distinction des développemens très-lumineux. Seulement il faut s'entendre sur le vrai sens du mot *justice*, quand c'est le gouvernement qui l'emploie.

La justice politique est au fond la même justice que celle des tribunaux; car la différence même qui existe entre les deux repose sur leur commune essence. Exemple : la justice veut qu'un assassin périsse : si, pour le faire périr, il fallait nécessairement sacrifier des hommes de bien, la justice ne voudrait pas la mort de l'assassin. La justice veut que les proscrits recouvrent leurs domaines; mais s'ils ne peuvent les recouvrer sans que la tranquillité publique, la fortune publique, qui sont les droits de tous et les droits de chacun, en souffrent, la justice elle-même s'oppose à cette réintégration.

M. Méchin comprend que la loi nouvelle est le complément de la loi du 5 décembre 1814. La donnée était bonne; pourquoi la négliger ou la travestir? Si ces deux lois sont le complément l'une de l'autre, la seconde était donc nécessaire? En attaquant la seconde, c'est la première que vous attaquez.

« Une propriété n'a pas deux maîtres : si l'indemnisé » est propriétaire, l'acquéreur ne l'est donc pas. » Cet argument ne manque pas de finesse; mais le seul titre de la loi le réduit à rien, car les émigrés y sont nommés *anciens propriétaires*; et si l'on était de bonne foi, il y a là de quoi rassurer les plus difficiles.

Il faut remarquer un excellent passage dans le discours de M. Dupille : « Lorsque la chambre a été renouvelée, dit » cet orateur, la France entière s'attendait que cette loi » serait proposée. Il est donc de fait que si la majorité des » électeurs a confié aux émigrés la discussion de cette » loi, c'est qu'elle les en a jugés dignes. »

M. de Lézardière lui succède, M. de Lézardière dont l'opinion a été d'un si grand poids dans la discussion d'un des principaux articles. Cet orateur combat victorieusement l'argument pris de la coopération des puissances alliées. Il aurait pu demander à ces hommes qui font sonner si haut ce mot d'*étrangers*, si ce n'étaient pas des étrangers qui, dans ces tems d'horreur, souillaient et dévoraient la France; étrangers à la France, à l'Europe, à l'humanité?

Il y a beaucoup de noblesse et de raison dans le discours

de M. de Castelbajac : « Certes, on ne peut accuser de
» modicité l'indemnité proposée. La charte avait tout
» terminé quant aux ventes, et nos sermens à cet égard
» sont scellés dans la tombe royale. » Puis, combattant avec
la même éloquence les calomniateurs de l'émigration :
« La présence du Roi qui nous gouverne, dit-il, répond
» pourquoi l'émigration eut lieu; et si cette réponse ne
» suffisait pas à la révolution, qu'elle interroge les tombes
» qu'elle a peuplées. »

Par sa situation sociale, M. de Thiars gagne beaucoup
à cette loi nouvelle, que ses engagemens politiques ne lui
permettent pas d'approuver. A sa place, j'aurais craint
qu'on ne raillât quelque peu cette abnégation sans risque,
ce désintéressement, qui est bien sûr de ne pas être pris au
mot. Quoi qu'il en soit, M. de Thiars a jeté sa pierre contre
la loi comme les autres; il l'a nommée difficile et dangereuse. Difficile, oui, quant aux moyens d'exécution;
rien n'est plus clairement démontré. Dangereuse, non
pour la monarchie, dont elle affermit les bases; non pour
la morale publique, dont elle satisfait les besoins ; non
pour le crédit public, qu'elle étend ; ni pour les valeurs
vénales, qu'elle hausse, ni pour l'industrie, qu'elle encourage, en multipliant les consommations ; mais pour
les idées, les principes, les espérances révolutionnaires.

Il est un argument sur lequel l'opposition de gauche
doit compter beaucoup, car il n'est presque pas un de ses
orateurs qui ne l'ait reproduit. On dirait d'une arme qu'ils
se passent l'un à l'autre : c'est que la loi flétrit notre gloire
militaire. Mais cette arme est-elle de bonne trempe? En
condamnant une cause, ne peut-on rendre hommage à la
valeur qui l'a défendue? Le soldat qui blessa Henri IV
fut-il déshonoré par le témoignage que le roi lui-même

rendit de ce fait d'armes? Il n'y a pas un emigré qui songe à troubler les joies du *splendide festin* où nos héros sont assis, ni à faire tomber de leurs mains la coupe enivrante que la gloire, toujours jeune, remplit toujours.

M. Sirieys de Mayrinhac s'attache d'abord à répondre au grand argument tiré des anciennes confiscations. La confiscation, a dit un orateur libéral, est d'origine monarchique; il valait autant dire qu'elle est d'origine divine, puisqu'on la retrouve de tems immémorial dans les annales des peuples. Est-ce que le mal n'est pas aussi ancien que le monde? Est-ce un motif de ne pas le troubler dans sa possession? Parmi la foule de traits heureux dont ce discours abonde, on remarque le passage suivant, tableau vrai et animé de cette opinion publique tant attesté par les libéraux, argument invincible en faveur de la nécessité d'une loi nouvelle : « Demandez aux habitans des pro-
» vinces quelle est la première question que fait un
» acquéreur, quel est le premier renseignement qu'exige
» un père de famille qui veut établir ses enfans : Ces biens
» ont-ils appartenu à des proscrits? dit-on. Et c'est dans
» une situation pareille, dans un état presque habituel de
» méfiance entre les citoyens, que l'on ne sentirait pas
» que le premier avantage qui doit résulter d'une loi d'in-
» demnité est pour le pays, et que celui d'une classe
» malheureuse n'est qu'en second ordre. »

M. Basterrèche, après avoir réchauffé l'argument bannal du *maximum*, des assignats, des mille et une spoliations révolutionnaires, entonne un cantique de louanges en l'honneur de la Vendée et des Lyonnais, et de tous les hommes de bien qui portèrent leur tête sous la hache révolutionnaire. Mais les Vendéens, mais les Lyonnais et les innombrables victimes de la révolution, quels principes défendaient-ils? Pour quelle cause sont-ils morts? Quel dernier cri s'échappa de leur poitrine? Quel est le dernier nom que murmuraient leurs lèvres pâlissantes? Singulière industrie qui oppose le drapeau blanc au drapeau blanc! Le contraste développé par M. de Vaublanc est d'une toute autre importance. « Quoi, dit-il, l'abolition » de la confiscation est maintenue, quant aux régicides ; » elle ne le serait pas pour les défenseurs de la monarchie! » L'opposition libérale n'a pas encore songé à combattre cet argument-là.

M. de la Bourdonnaye reproche surtout aux articles réglementaires leur incohérence, qu'il attribue à l'absence d'un principe générateur. Au lieu d'incohérence, mettez diversité, et pluralisez le mot *principe*; car je défie, si l'on veut être juste, de dériver la loi d'un principe unique. S'il m'était permis de comparer les choses humaines avec ce qui est au dessus de toute comparaison, j'attesterais les perfections divines qui se limitent l'une l'autre; et je mettrais en scène un raisonneur qui prétendrait attribuer tout ce qui arrive seulement à la bonté de Dieu, ou seulement à sa puissance, ou seulement à sa justice.

Voici un dilemme de M. de la Bourdonnaye contre l'article 7 : « Si les assemblées, prétendues natio-
» nales, étaient illégales, leurs décrets frappés de nul-
» lité, par leur origine, n'étaient que des actes de vio-
» lence, dont les effets ont cessé avec la violence qui
» les avait produits. Si, au contraire, les émigrés ont été
» spoliés à la fois de droit et de fait, il faudrait regarder
» comme légaux les décrets révolutionnaires. Mais alors
» il ne serait dû aucune indemnité. D'où il faut conclure
» qu'une loi d'indemnité qui partirait de ce faux principe,
» que les émigrés ont perdu la propriété et la possession

» de leurs biens par suite des confiscations révolution-
» naires, ne serait pas une loi d'indemnité, mais une loi
» de grâce. » Et ce sont les caractères qu'il remarque
dans la nouvelle loi. Que dirait donc M. de la Bourdonnaye du dilemme suivant : « Si c'est *l'Etat* qui a porté
» les lois révolutionnaires, comme l'Etat c'est le souve-
» rain, comme le souverain est inviolable, sans quoi il
» ne serait pas souverain, les lois contre l'émigration sont
» donc des lois qu'il faut respecter. Si ce n'est pas l'Etat,
» la restitution ou la réparation ne doit donc pas être
» prise sur les fonds de l'Etat. » Il dirait que ce dilemme
est absurde. Et en quoi l'est-il? En ce qu'il sacrifie tous
les principes à un seul dans une loi faite pour concilier
tous les principes de vie et de salut.

Le discours de M. de Beaumont se réduit à ceci : Don-
nez l'indemnité aux acquéreurs, et rendez les biens aux
émigrés. Ce serait, il faut l'avouer, une conséquence plus
directe de la charte, qui veut que tout propriétaire dépossédé par l'Etat reçoive une indemnité *préalable*. Or,
l'indemnité ne saurait être *préalable* que pour les nouveaux propriétaires; pour les anciens, la dépossession est
*préalable* à l'indemnité. Mais l'intérêt de la paix publique
intervient ici comme dans toutes les objections élevées
au nom de la justice absolue; sans compter que ce milliard ne suffirait pas, puisqu'il suffit à peine à représenter
les valeurs de 1790. Or, il est hors de doute que le prix
intrinsèque des biens confisqués s'est considérablement
accru soit par la mise en valeur des choses de pur agré-
ment, soit par l'établissement des usines et par toutes les
créations de l'industrie.

Il faut, en passant, remarquer l'empressement de
M. Casimir Perrier à provoquer l'impression des discours

dangereux. Un ami de la paix publique étoufferait les brandons enflammés; mais ceux que charme le spectacle de l'incendie assigneraient volontiers une prime au plus téméraire.

M. Bacot de Romans reproche au projet les difficultés qui naissent de la chose même : c'est un vice de raisonnement commun à tous les orateurs de l'opposition de droite. Il insiste sur l'inégalité des deux catégories. On lui a suffisamment répondu en prouvant qu'il est peu d'émigrés dont les biens appartiennent à une seule catégorie.

M. de Martignac monte à la tribune immédiatement après M. Bacot : il y vient combattre ceux qui voudraient qu'on réparât tous les maux à la fois, aussi bien que ceux qui voudraient qu'on n'en réparât aucun, deux sortes d'hommes qui tendent au même but par des voies opposées; car vouloir ce qui ne peut être, c'est ne pas vouloir ce qui doit être.

Le discours de M. Laurencin a deux côtés, comme plusieurs autres; digne d'applaudissemens quand il atteste l'instinct du peuple et la liaison intime de la restauration et de l'indemnité, digne de censure quand il exige des acquéreurs les quatre cinquièmes de la plus-value. C'est ici que M. le ministre des finances, reconnaissant l'abîme que l'imprudence de quelques hommes ouvrait sous les pas du gouvernement, s'est hâté de le combler. Il a dit à ce sujet, il a dû dire que, si de telles opinions prenaient de la consistance, le gouvernement se trouverait obligé de retirer sa loi. Ne vaut-il pas mieux en effet ajourner le bien que de le rendre impossible ?

Il faut remarquer l'accord des deux oppositions contre cet avis qu'il leur a plu de nommer une menace : l'une et l'autre ont pris pour mot de ralliement l'autorité de la chambre; comme si l'autorité de la chambre pouvait être séparée de l'autorité du Roi et de celle de la charte!

M. Devaux s'attache à légitimer les confiscations de 1793 par d'autres. Triste argument pour un défenseur des droits de l'homme! Qu'est-ce donc que cette justice universelle qu'ils proclament? pas autre chose que la vengeance. Et quelle vengeance? celle qu'invoque Atrée par ce cri, digne d'Atrée et de la révolution : *Que ma vengeance n'ait point de terme!*

M. Galand Terraube appelle de tous ses vœux les traités de gré à gré. Ses vœux sont ceux d'un homme de bien; mais une loi n'est pas un conseil.

Vient enfin le discours tant désiré du général Foy; c'est le coup de tonnerre de l'opposition de gauche. Ce discours, que dit-il? que les émigrés sont en petit nombre. On le savait, et c'est une portion de leur gloire; mais la nation est en grand nombre, et la nation veut la justice.

C'est une chose à remarquer que la prédilection du général pour l'argument du nombre. Il l'a reproduit dans la question de la publicité des listes; il l'a renouvelé avant-hier encore, et avec plus d'énergie, dans la question des quatre amendemens. Est-ce qu'en dépit de la distinction qui se trouve au début de sa harangue, le droit pour lui ne serait que la force?

L'orateur, fécond en hyperboles, se complaît dans un tableau lamentable des effets de la loi : les acquéreurs dépossédés, la foi des contrats violée, le bouleversement de toutes les fortunes. Fort bien pour la justice rigoureuse; mais que prouve cela contre la justice politique?

Remontant du présent au passé, il interroge l'émigration et lui demande compte de ses motifs. Qu'allaient faire les émigrés à l'étranger? Je vais vous le dire : ils allaient sauver la royauté, ne pouvant sauver le roi.

Il prévoit de nouvelles réclamations, des prétentions nouvelles, de nouveaux milliards prodigués. Qu'il se rassure; et, puisqu'il ne veut point tenir compte des garanties qui reposent sur la loyauté, qu'il tienne compte au moins de celles qui reposent sur l'intérêt. Or, que seraient des émissions nouvelles de rentes, sinon la dépréciation des rentes déjà émises?

Une belle profession de foi politique est jetée au milieu de tous ces emportemens comme pour en adoucir la violence. Ainsi, du sentiment de l'honneur naissent comme naturellement les sentimens monarchiques, et la théorie de Montesquieu reçoit la sanction de l'exemple.

M. de Villèle, après avoir prouvé que la loi est juste, utile au pays, indispensable au point où en sont les choses, juste comme réparation, utile comme moyen de crédit, indispensable comme complément de la restauration, répond ainsi aux orateurs qui alléguaient le milliard promis aux armées : « Et plût à Dieu que la possession » gratuite en eût été réservée aux braves! Le courage et » la générosité sont inséparables. Au retour du Roi, l'ar- » mée eût reçu l'indemnité, et les propriétés eussent été » volontairement rendues aux anciens propriétaires. Nous » n'aurions plus aujourd'hui à nous occuper de cette » question. »

M. Duplessis Grénédan lui succède à la tribune, et vient donner un nouvel exemple du danger des idées absolues appliquées aux matières de la politique. Tout en reconnaissant dans son opinion le mérite de la bonne foi, gardons-nous d'en développer les conséquences; tournons plutôt notre attention sur le noble discours de M. de

Salaberry; qui « ne demande rien à la révolution que ce » qu'elle ne peut lui rendre, la tête de son père! » M. Dupont de l'Eure accuse au lieu de discuter, et d'un sujet d'intérêt général fait le sujet d'une satire personnelle; M. Bandel de Beaudet résume avec clarté les objections contre le principe et les réponses à ces objections; M. Martin de Villiers s'attache surtout à l'économie du projet, qui ne lui paraît digne que de critique. Il repousse une indemnité soumise aux chances de la bourse, comme s'il dépendait du gouvernement d'en accorder une autre. C'est aussi; et par des argumens tirés de l'imperfection d'un mode qu'il n'est pas au pouvoir des hommes de rendre plus parfait, que M. Ferdinand Berthier combat le projet de loi. Mais faisons grâce de quelques raisonnémens vicieux à l'orateur qui rend un si noble témoignage de la vertu française. Lui, l'héritier, le représentant d'une des plus infortunées victimes de la populace en délire, il a justifié la nation française de toute participation à ces horreurs. Dans les tems anciens, ce discours-là aurait valu à son auteur une couronne civique. M. Alexis de Noailles voudrait que l'émigré donnât quittance définitive, idée noble et généreuse, mais qui tend à introduire dans la loi même un doute sur l'autorité de la loi. MM. Duchesnay et Harmand d'Habancourt insistent sur la nécessité de modifier quelques articles réglementaires.

Quant à M. Benjamin Constant, il avait annoncé du neuf, et il a tenu parole. Cet orateur, si fécond en paradoxes, s'est surpassé lui-même cette fois. Tout son discours roule sur deux idées; la première, que Louis XVI était parfaitement libre, même quand un brigand affublait du bonnet rouge sa tête sacrée, même quand on égorgeait ses gardes du corps sous ses yeux, quand on mettait au bout des piques leurs têtes, frisées et parfumées, par une dérision plus affreuse que l'assassinat même, et qu'on assiégeait ses regards d'un tel trophée! « La liberté du Roi, » répond M. de Villèle, a été démentie à cette époque par » le sentiment de la France, et l'est maintenant par l'im- » partiale histoire. » L'autre imagination sublime de M. Benjamin Constant, c'est qu'en indemnisant l'émigration, la chambre sanctionnerait le droit d'insurrection. Oui, le droit d'insurrection pour la puissance légitime; et qui ôterait ce droit frapperait au cœur les sociétés humaines.

Au moment d'entrer dans l'océan des amendemens, je recule épouvanté de leur nombre immense. Il y en a de politiques, d'économiques, d'administratifs, de judiciaires, de préjudiciels même; il y en a d'humanité, de convenance, d'ordre, de style. *Tantæ molis erat!* Quelquefois un amendement rejeté sous une forme, se fait jour sous une forme nouvelle; quelquefois un principe écarté par une disposition de la loi, retrouve son autorité dans une autre disposition. C'est ainsi, par exemple, que la chambre, après avoir refusé à M. Benjamin Constant la publication des listes nominales, accorde à M. de Charencey celle des états de liquidation, jugeant sans doute moins les propositions que les motifs. C'est ainsi que les droits du sang méconnus dans l'article 7 retrouvent une sanction dans un amendement à cet article. Rien ne prouve mieux la vérité de notre allégation, que la loi n'est pas le développement d'un principe unique, mais la conciliation de principes divers, et c'est un témoignage qu'elle a reçu de l'orateur même qui lui avait reproché le défaut d'unité ;

puisque, après n'avoir voulu l'envisager que sous le rapport de la justice rigoureuse, le même orateur l'a nommée dans un autre de ses discours, loi de justice et de politique. Je ne puis terminer cet aperçu préliminaire sans une observation bien douce au cœur des vrais amis de la patrie ; c'est le religieux respect de la chambre pour la loi fondamentale. Ce sentiment a paru dans le rejet de l'amendement de M. de Coupigny, lequel transférait l'indemnité des émigrés aux acquéreurs, dans le rejet plus discuté, il est vrai, de cet amendement de la commission, qui donnait à l'émigré la faculté de rentrer dans la partie de ses biens définitivement cédés aux hospices, moyennant le transfert de la rente ; il a éclaté surtout dans le rejet presque unanime de l'amendement de M. de Baumont, qui attachait des droits politiques à l'indemnité, quoique au fond cette indemnité, représentant des propriétés foncières, l'amendement eût sans doute un côté spécieux.

La séance du 24 février s'ouvre par un de ces amendemens que j'ai nommés préjudiciels. M. de la Bourdonnaye propose de renvoyer amendemens et projet à la commission, augmentée de neuf membres ; M. Bacot de Romans propose de renvoyer les amendemens aux bureaux, le tout pour abréger la discussion. La chambre rejette ce moyen expéditif d'arriver à des débats éternels. La proposition de M. de Coupigny n'a pas un meilleur sort. Ce n'est pas que cette proposition n'eût peut-être un côté plausible, ni qu'en forçant un peu l'interprétation, il fût impossible de la concilier avec le texte de la charte, laquelle, en déclarant inviolables les biens dits nationaux, ne les a pourtant pas exemptés de la loi commune ; qui donne à l'Etat le droit de déposséder tout propriétaire, moyennant une indemnité *préalable ;* car, avec le système contraire, les priviléges, tant conspués par les libéraux, reparaîtraient à leur profit. Mais c'est qu'un amendement n'est pas une substitution ; c'est qu'un amendement qui renverserait le système de la loi, sous prétexte de la mo- modifier, serait une véritable invasion de l'initiative. C'est enfin, comme nous l'avons dit mille fois, que la justice rigoureuse n'est pas la justice politique.

L'amendement de M. Breton, en faisant de l'indemnité une faveur, une sorte d'aumône, en dégradant l'émigra- tion, efface la moralité solennelle que renferme la loi ; il fortifie la révolution, que la loi venait flétrir dans le der- nier monument qui reste d'elle. Cet amendement, après avoir réduit l'indemnité des deux tiers, échelonne la dis- tribution de manière que le maximum n'excède jamais dix mille francs.

M. Boulard l'appuie, par la raison que *le projet donne des millions à des gens qui possèdent beaucoup.* L'obser- vation de M. Boulard n'a pas la justice pour base ; car qu'importe qu'un homme soit riche ou pauvre, quand il réclame ce qui lui est dû. Et où en serions-nous si, avant d'exiger le paiement de sa dette, un créancier était obligé de fournir la preuve qu'il ne peut s'en passer ? L'amen- dement ne s'accorde pas davantage avec la politique, qui unit d'un lien indissoluble la monarchie et l'aristocratie, et enseigne qu'un trône sans une aristocratie puissante est placé sur un abîme. Il faut grouper autour de cet amen- dement, et les citer pour mémoire, ceux de M. Delaage, qui ne voulait pas que l'indemnité excédât quatre cent mille francs de capital pour chaque indemnisé ; de M. Roux Duchâtelet, qui excluait des bénéfices de fonds de réserve tout émigré dont l'indemnité excéderait 4,000 fr. de rente ; de M. Mestadier, qui plaçait la limite à 15,000 fr. ; de

M. de Fouquerand, qui privait de l'indemnité les émigrés auxquels leurs anciennes propriétés auraient été rendues à titre de don gratuit.

L'amendement de M. Breton avait pour appui M. Hyde de Neuville. Je ne me flatte pas de déterminer le genre d'opposition de cet honorable membre. Ce n'est pas l'opposition de gauche, puisqu'il rend hommage à l'émigration; ce n'est pas l'opposition de droite, puisqu'il paraît incliner en général pour les amendemens qui faussent le principe de la loi; je risquerais la dénomination d'opposition du centre, si ces deux mots ne s'entreheurtaient pas. M. Hyde de Neuville plaide la cause des autres victimes de la révolution avec une chaleur qui serait entraînante, sans la barrière que le principe de la loi oppose à cet entraînement. C'est dans ce débat qu'il échappe à M. Bazire une assez étrange sentence. « Les révolutions, a-t-il dit, commencent par l'épée et finissent par l'écritoire. » Certes, il n'en est pas ainsi de la nôtre; car c'est par l'écritoire qu'elle a commencé; c'est par l'écritoire qu'elle prolonge encore un reste de vie; si jamais elle pouvait renaître, ce serait par l'écritoire. Ceci soit dit sans atténuer le mérite parlementaire de M. Bazire. La loi doit beaucoup à cet honorable député, soit pour les améliorations qu'il y a introduites, soit même pour tous les débats lumineux qu'il a provoqués. Nous ne devons pas oublier qu'il est l'auteur de l'article qui déclare l'indemnité définitive, non que je considère cet article comme une précaution nécessaire contre les demandes ultérieures; l'honneur français repousserait ce commentaire; mais j'y vois une précaution utile contre toutes les manœuvres de la mauvaise foi.

La discussion des articles s'ouvre ici, et le projet du

gouvernement commence à se trouver en présence du projet de la commission. Sur l'article 1$^{er}$, je ne puis m'empêcher de donner la préférence au second de ces deux projets : il entre plus dans l'esprit de la loi; il dit plus clairement dans quel but elle est portée. Malgré l'autorité de M. Bonnet, je le crois plus, dans les règles de la logique et dans celles de la comptabilité, l'une et l'autre exigeant que les motifs d'une dépense précèdent l'énoncé de la dépense : or, ces motifs sont renfermés dans ces mots qui déplaisaient tant à M. Casimir Perrier, *au capital* d'un milliard. Ces mots signifient que l'émigration ayant perdu un milliard, c'est un milliard qu'il lui faut rendre.

Il est vrai que le même article renferme une disposition indépendante du principe de la loi; c'est l'émission nouvelle de trente millions de rentes. Dans cette rédaction éminemment synthétique, se trouvent renfermées et l'évaluation générale des pertes et la création d'un nouveau fonds. Mais, pour que la loi de réduction fût préjugée, il faudrait que, sans la loi de réduction, la création de ce nouveau fonds ne pût avoir lieu; l'hypothèse dont M. le ministre des finances prouve fort bien l'absurdité: « La loi d'indemnité, dit-il, est si peu liée à la » loi de réduction, qu'elle y serait un obstacle, puisque, » plus l'Etat est chargé de dettes, moins il peut diminuer » l'intérêt de sa dette. » M. de Labourdonnaye a dit que c'était mettre l'article 1$^{er}$ dans l'article 2; car le moyen de savoir ce qu'on doit, sans l'évaluer? Mais l'évaluation générale a eu lieu; l'évaluation générale est un fait qui domine les autres; et toutes les fois qu'on a voulu s'éloigner de ce fait, on est tombé dans les expertises sans terme, sans règle, sans objet actuel, dans le dédale des commissions et sous-commissions, dans le labyrinthe des liquidations interminables. Toutes les dispositions réglementaires découlent de ce fait, que le capital des biensfonds pris aux émigrés, déduction faite des créances payées par l'Etat, est représenté par un milliard. Sans ce fait, l'émission des trente millions ne pouvant être envisagée que comme arbitraire, la loi n'est plus une loi d'indemnité, mais une loi de faveur. Deux honorables membres ont voulu que l'indemnité fût nommée *juste, due*, etc.; et la chambre n'a pas cru devoir écarter cette rédaction ; mais, en vérité, ces mots seuls, *au capital d'un milliard*, disaient tout.

L'article 1$^{er}$ accorde l'indemnité à des *Français*. Mais qui sont les Français? Un homme né en France, qui a pris parti sous les drapeaux étrangers, conserve-t-il sa qualité de Français? Donnerons-nous le nom de Français, par exemple, à un officier général au service de la Russie? M. Pardessus répond par les dispositions de la charte et par la loi commune des nations : « On ne cesse » d'être Français qu'en prenant du service près d'une » puissance étrangère, sans la permission du roi. » Il en serait autrement si l'on s'était fait naturaliser dans les domaines de cette puissance, car nul ne saurait avoir deux patries. Mais il y aurait quelque chose de contraire au droit des gens dans la faculté indéfinie de quitter sa patrie naturelle pour une patrie adoptive, et sa patrie adoptive pour sa patrie naturelle. Avec un tel cosmopolisme, le plus sacré de tous les sentimens ne serait plus qu'une convenance passagère, une sorte d'habitude provisoire. Aussi la chambre a-t-elle justement rejeté, vers la fin de la discussion, un amendement de M. Hyde de Neuville, qui accordait le droit d'indemnité aux émigrés naturalisés dans d'autres pays, si, dans un an, à dater de la promulgation de la loi, ils obtenaient du roi la grâce de redevenir Français, sans compter que, pour un membre de l'opposition, cette concession à la couronne est assez large.

Nous voici arrivés à ce fameux article 2 ; c'est ici que les amendemens se pressent, que les sous-amendemens se pressent autour des amendemens ; qu'on sous-amende les sous-amendemens même. Le gouvernement avait, en quelque manière, porté à la commission le défi de trouver un meilleur mode ; la commission, après avoir résisté long-tems, avait porté le même défi aux partisans du mieux possible. On a voulu accepter ce double défi, et il a bien fallu confesser qu'on ne l'acceptait que par honneur ou par humeur. Ainsi un homme parle à merveille de stratégie. Polybe et Végèce lui sont plus familiers qu'Homère et Virgile ; il dissertera en maître de l'art sur les fautes qui ont décidé la perte des batailles, depuis Crécy jusqu'à Waterloo. A la pratique, ce juge d'Alexandre et de César sera peut-être plus empêché qu'un sous-lieutenant.

Mais voilà qu'une disposition intermédiaire se présente ; plusieurs orateurs voudraient assimiler les rentes foncières aux biens-fonds. L'honorable M. Duparc est le promoteur de cette disposition ; il demande que les rentes purement foncières, provenant de cession ou aliénation d'immeubles, sous la réserve de rentrer en possession en cas de non paiement, soient assimilées aux propriétés immobilières. Il cite l'exemple d'un vieillard qui, ayant vendu ses immeubles pour une rente foncière, émigra, et à son retour ne trouva ni biens, ni rentes.

A cet amendement, que la justice naturelle semble avouer, il faut bien opposer la justice écrite. Des lois spéciales régissent les biens meubles, d'autres lois spéciales régissent les immeubles. L'assimilation proposée, en confondant les deux ordres de biens, changerait toute la jurisprudence. D'ailleurs, à ce compte, les créanciers hypothécaires devraient être assimilés aux propriétaires fonciers, puisqu'à tout prendre, leur argent représente une partie du bien-fonds. On ne pourrait contester le même droit aux possesseurs de rentes inscrites sur le grand-livre, lesquelles étaient de vrais immeubles. Il faut bien que la loi se renferme dans le cercle que les nécessités de l'Etat ont tracé autour d'elle.

L'amendement de M. de Lézardière est très-compliqué : il veut une première répartition de l'indemnité entre les départemens; après avoir prélevé la somme nécessaire au paiement des indemnités particulières, il partage le reste, dans chaque département, en quatre portions égales, dont trois destinées a être réparties au marc le franc entre toutes les parties prenantes du même département, et du dernier quart, il compose un fonds commun, qui sera distribué entre tous les départemens, de manière à rétablir, autant que possible, l'égalité proportionnelle. Il propose à cette opération une commission départementale nommée par le Roi, sur une liste triple de candidats, dont un tiers désigné par le conseil général, et les deux autres par les conseils d'arrondissement; quant au nombre des commissaires, il le compose d'autant de fois trois membres qu'il y a de sous-préfectures dans le département. M. de la Caussade complique encore cette institution : il veut des commissions cantonales et une commission départementale; il fait des commissions cantonales autant de cours des comptes en première instance, et de la commission départementale une cour de contrôle et de vérification en dernier ressort. M. Duhamel en appelle à la notoriété publique, aux souvenirs des anciens du lieu; M. de Kergariou accorde vingt fois le revenu de 1790 à tout ancien propriétaire qui pourra prouver une évaluation authentique de ce revenu. M. Durand Delcourt conçoit ainsi le travail : première répartition entre tous les départemens; sous-répartition entre les arrondissemens, commission d'expertise, présidée par le maire de chaque canton, répartition entre tous les départemens des fonds demeurés libres sur les trente millions de rentes, après la liquidation consommée. M. de Charencey propose des commissions départementales, subdivisées en autant de sections qu'il y a d'arrondissemens, lesdites sections destinées à former des commissions inférieures sous la présidence des sous-préfets, moyennant l'adjonction de deux notables. Il leur assigne pour documens les baux du tems, les règlemens de comptes arrêtés lors du séquestre entre les fermiers des biens confisqués et la régie, les procès-verbaux d'expertise ou d'adjudication qui ont préparé les ventes ; *enfin généralement tous les renseignemens qu'elles pourront recueillir, la loi abandonnant à leur conscience le soin de rapprocher et de combiner, suivant les circonstances, tous les élémens possibles de conviction.*

M. Duchesnay compose les commissions de membres qui n'auraient aucun intérêt direct ni indirect à l'indemnité : la base de leurs opérations serait le rapport entre le revenu de 1790 et la contribution foncière de 1825. Suivant l'avis de M. le marquis de Lacaze, ce serait plutôt l'estimation du dixième, tel qu'il a été constaté par les procès-verbaux d'expertise ou d'adjudication. M. Martin de Villiers, jaloux d'effacer l'irrégularité des deux catégories, ramène toute estimation au revenu de 1790, et confie à des commissions départementales et une commission centrale le choix et l'appréciation des documens.

M. Delagranville fonde l'estimation sur le revenu imposable de 1824, déduisant du revenu total la portion relative aux constructions nouvelles, et dépenses faites depuis la confiscation. M. de Bouville demande que l'indemnité consiste en une inscription égale aux trois cinquièmes du revenu brut des propriétés vendues, valeur de 1790, et, pour l'estimation de ce revenu, il fait concourir les procès-verbaux d'expertise ou d'adjudication, les documens résultans de l'estimation préalable qui, d'après les lois d'alors, dut avoir lieu avant la vente, le montant des impositions de l'époque, les renseignemens administratifs existant à la régie des domaines, les pièces authentiques et autres renseignemens qui seront fournis par les réclamans eux-mêmes. Il établit un fonds de réserve de six millions de rentes destinés à réparer les inégalités. M. de Lastours réduit ce fonds à trois millions. Le même orateur assigne la contribution foncière de 1824 pour base à la répartition. M. de Burosse imagine une répartition provisoire et une répartition définitive; il borne la première aux deux cinquièmes de l'indemnité. MM. de Cambon et Lemoine Desmares veulent asseoir l'indemnité sur le prix de vente réduit en numéraire au jour de l'adjudication, d'après l'échelle de dépréciation des assignats. M. Duhays voudrait que les indemnisés reçussent le trois pour cent au même prix que les rentiers, c'est-à-dire qu'ils reçussent des trois pour cent à 75. M. Dandigné de Resteau remet à une loi postérieure la destination et la répartition de l'excédant. M. Foy, saisissant l'occasion en homme habile, appelle les créanciers au partage du fonds de réserve. M. Dubourg n'y veut admettre que ceux qui pourront prouver que leur indemnité n'atteint pas dix-huit fois leur revenu, valeur de 1790.

Par cet exposé si long, et pourtant très-sommaire, on

peut se faire une idée de toutes les influences qui ont agité, prolongé, déplacé la discussion. Les uns, en querelle avec le principe, ne pouvaient concevoir une indemnité exclusive dans une calamité commune; les autres, repoussant une demi-justice, ne voulaient point donner le nom de restitution à des recouvremens incomplets, ni réduire le dernier acte de la restauration au maintien des conquêtes révolutionnaires. Même conflit entre le système plus séduisant, qui donnait pour principe à l'évaluation l'impôt de 1824, et le système plus facile qui la fondait seulement sur le revenu de 1790, ou seulement sur la réduction du prix de la vente, en numéraire. On voulait échapper aux deux catégories, aux approximations, à la centralisation, et l'on s'enfonçait dans les contingences ou le chaos. Des évaluations de ce qui n'est plus, des arrêts par conjecture, un peuple de jurés, toutes les préventions et tous les intérêts aux prises, l'émigration favorisée ou déshéritée suivant les opinions ou les préjugés locaux, des bases incertaines, inconnues, variables, substituées à une base fixe et inflexible, voilà presque tous les amendemens. Vous réparez de préférence les pertes qu'on pourra prouver. Vous punissez donc les torts du hasard ! Vous ne demandez que des juges qui n'aient aucun intérêt direct ni indirect à la chose jugée. C'est donc un tribunal d'anges qu'il vous faut. Vous distribuez provisoirement les deux cinquièmes de l'indemnité d'après le système de la loi, sauf à distribuer les trois cinquièmes d'après le système des expertises. C'est deux lois dans une, et deux lois contraires. Vous demandez du trois pour cent à soixante-quinze; c'est donc de quarante millions que vous composez l'indemnité, ou bien c'est à sept cent cinquante millions que vous réduisez le capital, démentant par cette seconde hypothèse le fait qui domine la loi, que l'article 1$^{er}$ énonce en termes exprès, et portant atteinte par l'autre hypothèse au crédit public. Le sens exquis, la raison supérieure de la chambre ont fait justice de tant de fausses améliorations ; il n'est resté de toutes les dispositions étrangères au second article du projet que ce qui devait rester, l'établissement du fonds de réserve, remède naturel à des inégalités nécessaires, puisqu'elles sont inévitables.

Il faut bien reprendre haleine avant de passer au troisième et dernier point de ce résumé. Heureusement la loi vient de passer le défilé le plus dangereux ; à quelques bourasques près, elle voguera désormais à pleines voiles.

Je franchis un grand nombre d'amendemens réglementaires, secondaires, éphémères, pour arriver à la proposition bien autrement importante de M. Sanlot-Baguenault, proposition qui détruisait deux lois en se glissant dans l'une d'elles, qui rendait à la fois la réparation illusoire et la réduction impossible. M. Sanlot-Baguenault veut diminuer de trente millions la dotation de la caisse d'amortissement pour les appliquer à l'indemnité. Rien de plus seduisant au premier coup d'œil. Quant aux motifs, surabondance de dotation, attestée en quelque sorte par le président même de la commission de surveillance ; quant aux effets, perception intégrale, nul accroissement d'impôt, un grand devoir rempli sans aucun sacrifice, conciliation de trois grands intérêts. Que si, résistant à cette première séduction, vous dégagez l'amendement de ses brillantes enveloppes, vous y trouverez d'abord une lésion profonde des trois interêts qu'il semble caresser ; vous y trouverez la perte du crédit, effet naturel d'un décroissement de dotation combiné avec un accroissement de dettes. Mais qu'avons-nous besoin de discuter où la discussion n'est pas permise? Il y a contre l'amendement quelque chose de plus concluant que le discrédit, que la dépréciation de l'indemnité; il y a la loi même constitutive de l'amortissement. Si M. Sanlot-Baguenault prend les trente millions dans les sommes acquises, c'est une forfaiture qu'il ordonne; s'il les prend dans la dotation primitive, il la réduit à dix millions; car ce serait une grande erreur de considérer les rentes acquises par la caisse d'amortissement comme une valeur active, quoiqu'elle soit encore existante. Cette valeur ne vit que provisoirement, et comme par grâce, et sous la condition d'une absolue immobilité; propre à servir encore de pompe aspirante, elle est nulle comme moyen d'échange : c'est une rente sans capital, un usufruit sans propriété, un fonds frappé de paralysie, en attendant le coup qui doit le réduire au néant. M. Casimir Perrier, qui sait égayer des questions graves par des facéties, prend quelquefois en revanche des facéties pour des objections graves. Il demandait ici : Où donc sera le fonds spécial de ce trois pour cent? il sera où est le fonds spécial de cinq pour cent; dans la terre de France, fécondée par toutes les industries, dans l'impôt, réservoir commun de toutes les garanties; dans l'union et la paix publique, inépuisable source d'améliorations.

" La France est le pays où l'on aime le plus à parler de ce qu'on n'entend pas. Il y a je ne sais combien de mots usuels dont les neuf dixièmes de ceux qui les prononcent n'ont jamais compris ni cherché à comprendre la signification. Le mot d'*amortissement* est de ce nombre. Nous avons vu tout à l'heure si l'honorable M. Baguenault entendait ce mot-là; bien d'autres ne le conçoivent pas mieux : même après l'explication lumineuse du ministre des finances, ils ont nié la double destination de l'amortissement. Mais si cette double destination n'est pas essentielle, si la caisse d'amortissement n'est pas à la fois moyen d'extinction et réserve, qu'on nous dise pourquoi l'article 109 laisse au législateur le soin de déterminer *l'époque* et *la quotité* des annulations? Car, dans l'hypothèse d'une destination unique, la rente rachetée ne doit pas un moment survivre au rachat; par cela seul qu'elle est rachetée, elle est nulle, comme une lettre de change acquittée est, par cela même, un papier sans valeur. La loi constitutive a donc prévu des tems de prospérité et des tems de gêne, des situations qui exigeraient une garantie moindre, et d'autres qui en exigeraient une plus forte. La caisse d'amortissement est donc aussi, par sa loi constitutive, une caisse de réserve.

Il est survenu un grand nombre d'amendemens dictés sans doute par un sentiment honorable; mais on nuit quelquefois en voulant trop bien servir. L'esprit général de ces amendemens était d'établir dans les époques de perception un ordre inverse aux sommes à percevoir. L'un voulait que ceux des émigrés qui paient à l'Etat une contribution de 1,000 fr. ne commençassent à recevoir l'indemnité qu'en 1826 et par sixième, et que ceux qui paient une contribution de 3,000 fr. ne commençassent à recevoir l'indemnité qu'en 1828 et par huitième. Cet amendement était fort compliqué, et même impraticable à force de complication; d'ailleurs il changeait le système économique de la loi. Un autre a paru simplifier l'opération en établissant cinq classes d'indemnisés, dont la première est la plus pauvre et la dernière la plus riche, et qui seraient successivement appelées au paiement intégral de ce qui leur est dû. Mais cette progression suppose un fait au moins douteux, savoir que la masse des indemnités de chaque série est égale; car si vous supposez, par exemple, qu'il revienne trois millions seulement à la plus pauvre, et quatre millions à celle qui la suit immédiatement, comme d'après la loi vous devez annuellement six millions, force vous sera d'ajourner à la seconde année le quart de l'indemnité de la seconde série. Voilà déjà l'ordre faussé, l'équilibre rompu; il faudra établir des séries dans chaque série. Terminons par un argument péremptoire. « On suppose toujours, a dit M. de Villèle, que toutes les » liquidations sont faites, et qu'il s'agit uniquement de » suivre l'ordre des cotes; cependant les plus petites cotes » peuvent être aussi difficiles à liquider que les plus gran- » des; elles peuvent l'être davange. » Du milieu de toutes ces propositions que la comptabilité condamne, mais que l'humanité justifie, il sort toutefois un article exceptionnel qui exempte de tout délai l'indemnité inférieure à 250 fr. de rentes. Il est juste de dire que M. Clausel de Coussergues a conçu cet amendement, et que M. le ministre des finances l'a régularisé.

J'ai déjà eu occasion d'expliquer ma pensée sur l'art. 7; et je dois dire que la disgrâce de cet article ne m'a pas complètement convaincu : c'est à mon sens la défaite du principe aristocratique, par le droit individuel.

Ce droit individuel domine les esprits; il préside à la foule des amendemens; à celui de M. Dutertre d'abord, qui ne déshérite même pas les Françaises mariées à des étrangers, en terre étrangère; à l'amendement restrictif de M. Bonnet même, qui n'exclut du bénéfice de la loi que les mariages antérieurs à l'ouverture de la succession. La femme suit la condition du mari; c'est une loi européenne. Ainsi, la femme française mariée à un étranger, en terre étrangère, a cessé d'être française. Mais une plus bizarre anomalie naîtrait de l'amendement. Exclue par l'article 1$^{er}$ de l'indemnité, l'étrangère serait appelée par l'article 7 à une autre indemnité ; elle recevrait du chef de son auteur, et ne recevrait pas de son propre chef! Cette excellente remarque est due à M. de Corbière ; elle a fait tomber l'amendement. *L'argent jeté en dehors* n'est pas non plus une faible objection, quoi qu'en dise M. Hyde de Neuville. « On ne fait pas l'argent prisonnier ; » c'est l'industrie qui l'attire et le fixe. » Le mot est philosophique sans doute. Mais avec quoi l'industrie fixe-t-elle, attire-t-elle l'argent ? Avec l'argent sans doute, puisqu'il lui faut de l'argent pour être. Et, d'ailleurs, n'y a t-il pas quelque chose d'inconvenant à prodiguer aux étrangers ce qu'on retranche aux contribuables français ?

Un autre amendement, présenté en commun par six honorables membres, était comme une porte ouverte aux droits du sang, repoussés de toutes parts. Par cet amendement, les donataires ou légataires qui ne seraient point héritiers naturels, ne seraient admis à réclamer l'indemnité qu'autant que la donation ou le testament renfermerait une clause expresse de transmission des droits éventuels sur les biens confisqués. Nouveau triomphe du droit individuel! Et pourtant les patrons du droit de famille ne perdent pas courage : grâces à leur persévérance, le principe aristocratique se fait jour enfin. Il faut rendre ce témoignage à M. Chifflet que, s'il est un point où ce principe a reparu, c'est lui qui l'a introduit. Grâces à cet orateur, la renonciation pourra du moins être opposée aux légataires et donataires, par les héritiers qui, à leur défaut, auraient accepté la succession.

Les articles 8, 9, 10, 11, 12, 13, 14 renferment le système complet d'exécution. Pourvoi de l'ancien propriétaire ou de ses représentans auprès du préfet, transmission du pourvoi du directeur des domaines qui dresse le bordereau d'indemnité, envoi du bordereau et des pièces justificatives au ministre des finances ; vérification par les soins du ministre, et déduction des sommes reçues ou des créances acquittées; envoi du bordereau vérifié à la commission royale; ordre des procédés; reconnaissance des droits et qualités; les tribunaux saisis des titres litigieux; copie délivrée aux ayans-droit, tant des bordereaux dressés dans leur département, que de l'état de déductions proposées par le ministre des finances; règlement de liquidation ; communication du résultat au ministre des finances et aux parties intéressées; enfin recours ouvert au conseil d'état, en cas de lésion.

. La marche est régulière, méthodique, conforme aux règles d'une bonne économie; elle répond à ces griefs tant reproduits de centralisation et de despotisme. On voit clairement que le ministre n'est qu'un intermédiaire entre les préfets et la commission; que la commission même est loin d'être absolue; que dans le conflit naturel entre la partie publique et l'intérêt particulier, les garanties et protections sont égales de part et d'autre; que rien d'arbitraire ne peut se glisser dans les décisions du contrôleur commun, ni sur la qualité du réclamant, ni sur la nature et l'étendue de la chose réclamée; que dans ce modèle de cohésion, chacun pris à part, ne peut rien, puisque chacun a son contradicteur autorisé ; que pour produire une injustice, il faudrait un concours de volontés qui ne peuvent concourir sans changer de nature. Remarquons aussi cette scrupuleuse attention à ne point porter en compte les sommes payées à titre de secours aux femmes, aux enfans, ainsi que les gages des domestiques. Cela est humain, cela est noble, cela est français.

Il faut être juste; pas une réclamation ne s'est élevée sur ce point.

Noterai-je l'amendement du général Foy, mitigé par M. Benjamin Constant? Ces deux honorables membres appellent de tous leurs vœux la lumière sur une opération soumise au moins à quatre épreuves, qui commence dans les départemens et se termine à Paris; qui, dans plusieurs cas, demande l'intervention des tribunaux, qui, dans tous les cas, résulte d'un contrôle réciproque. Ils allèguent l'intérêt des contribuables, l'intérêt des créanciers d'émigrés, l'intérêt des émigrés mêmes, tous les intérêts. Mais les contribuables n'apprennent-ils point par la loi tout ce qu'il leur est bon d'apprendre? Que l'indemnité est de trente millions de rente, qu'elle ne peut dépasser trente millions de rentes, qu'elle doit absorber trente millions de rentes; de plus, en quelles mains elle doit passer, sur quelle base elle doit reposer, sur quel intérêt cette fois, bien évidemment auxiliaire, ils peuvent s'en remettre du soin de la surveillance. Quant aux émigrés « quelle » lumière peuvent-ils recevoir de l'indemnité accordée » aux autres? Enfin, tout ce que les créanciers ont à » faire, c'est de former opposition au paiement de l'in- » demnité. » Telle est en substance la réponse de M. de Villèle, et je ne crois pas que cette réponse admette une réplique. La chambre aussi l'a pensé d'abord. Elle a réformé plus tard, il est vrai, sa première décision. Tant, sur toutes les choses qui ne sont point de principe, il y a, dans les grandes assemblées, d'influences mobiles et de retours inattendus.

M. Duparc ne voudrait pas que les représentans des révolutionnaires condamnés ou déportés fussent admis au partage de l'indemnité, pour la partie de la succession qui se composait de biens d'émigrés ; son amendement mal compris, peut-être, pour n'avoir pas été assez clairement rédigé, est pourtant au fond très-grave et très-moral. Ces hommes ont perdu un bien qu'ils avaient enlevé. Ces dépouilles, dont l'amendement tend à les frustrer, étaient souvent le prix d'un assassinat. On les leur rendrait même augmentées, puisque le prix de l'achat n'excède pas souvent le triple du revenu de 1790, et que l'indemnité s'élève à dix-huit fois ce revenu, sans compter que le prix du même bien pourrait être payé deux fois, savoir, à l'acquéreur révolutionnaire et au propriétaire dépossédé. Malheureusement cette proposition, très-séduisante en théorie, trouve à la pratique mille écueils. D'abord elle est incomplète. M. Duparc n'exclut que les condamnés ou déportés acquéreurs de biens d'émigrés; il fallait exclure aussi les émigrés mêmes; car dans ces tems de trouble et de confusion et de perpétuelle contrainte, dans ces luttes de la faiblesse contre la férocité toute puissante, des émigrés ont pu, avant leur émigration, racheter les biens de leurs parens émigrés. D'ailleurs; où sera la part des femmes, des enfans, des créanciers? Il est heureux pour une assemblée septennale d'avoir eu de bonne heure à débattre tant de lois en une, à juger tant de systèmes distincts et concordans. Elle sortira de cette épreuve, plus forte, plus mûre, plus en garde contre les apparences, plus convaincue qu'un grand nombre de vérités politiques sont le produit d'un débat entre le juste et le possible. Ceci s'applique surtout à l'amendement de M. Laurencin, tendant à comprendre parmi les indemnisés les propriétaires des maisons de Lyon, démolies pendant le siége. Indemnisez donc aussi la Vendée! indemnisez Toulon! Une fois entré dans le système de réparation universelle, où vous arrêterez-vous? La réparation universelle est ce qui convient le mieux aux ennemis de toute réparation; car la réparation universelle, c'est la réparation impossible.

Ici commence un conflit délicat. Les intérêts des pauvres se trouvent comme en présence du grand intérêt de l'émigration. Car les hospices possèdent aussi des biens d'émigrés, ou provisoirement, ou définitivement. La commission, dirigée par un principe unique, veut que, soit provisoire, soit définitive, toute possession revienne de droit au propriétaire dépossédé, moyennant le transfert de l'indemnité. La chambre fait justice de cette justice absolue. Elle accorde pour les possessions provisoires la faculté de l'échange, et la dénie pour les possessions définitives. Et ne serait-ce pas une exception monstrueuse? Tous les acquéreurs protégés, hors le plus respectable aux yeux de la religion et de la morale, hors celui qu'il voudrait excepter, même dans une loi de dépossession! Des spéculateurs conserveraient un bien acquis à vil prix, et l'acquéreur par échange perdrait un juste dédommagement! Un orateur avait dit: « Puisqu'il ne vous est per- » mis d'atteindre la confiscation que sur ce point, du » moins ne la ménagez pas. » Cet orateur à son insu renouvelait la confiscation pour mieux l'atteindre.

On sait le reste; on a pu l'apprendre du moins par les clameurs libérales. Un article supplémentaire exempte de tout droit de vente, et soumet à un léger droit d'enregistrement toute rétrocession faite par le possesseur actuel d'un bien confisqué à l'ancien propriétaire de ce bien; article qui n'est pas contraire à la charte, puisqu'il prévoit un cas que la charte n'a pu régler, une transaction entre le droit et le fait, chimérique long-tems, faute de moyens d'échange. En dépit des chiffres du général Foy, cet article est plus favorable que contraire au fisc;

car, pour si légère que soit la part du fisc, peu vaut mieux que rien, et je ne vois pas quel droit le fisc pouvait percevoir sur un genre de propriétés que l'opinion exclut du marché public. Autant le libéralisme redoute ces transactions amicales, autant nous les désirons. Là sont les derniers remèdes à nos discordes; là est le plus solide gage d'une prospérité séculaire. Et comment les libéraux n'ont-ils pas compris qu'ils se démentaient eux-mêmes? Si c'est *la force* qui doit trancher ce difficile nœud; si, pour ressaisir les dépouilles que la violence leur a ravies, c'est à la violence que les proscrits comptent avoir recours, que s'embarrasse-t-on de transactions à l'amiable et de reventes paisibles? Mais ils parlent de force pour étaler leur nombre, force brutale et matérielle, qui, dans tous les combats que de tems immémorial elle livre à la force véritable, a toujours succombé; force chimérique qui se fonde sur des supputations où il n'y a rien d'omis que la masse du peuple.

Ne passons point sous silence le fameux amendement de M. Hay. Cet amendement tendait à confirmer la charte, et la législation de 1814 émanée de la charte; mais, bien qu'appuyé d'un suffrage respectable, il n'a pas eu l'assentiment de la chambre. La chambre n'a pas voulu que la charte, et la législation émanée de la charte, parussent avoir besoin de sanction. Dans le débat passager qui s'est élevé entre la chambre et le ministère, nous, *ministériels*, c'est avec la chambre que nous votons. La prudence du ministère descendait jusqu'aux craintes les plus ridicules pour les dissiper; la chambre se refusait à désabuser des insensés aux dépens de son honneur; elle a pensé qu'on décrie sa maison en l'étayant; elle a prévu que les ennemis du bien public qui crient tant contre le rejet de l'amendement auraient crié bien davantage si on l'eût adopté, car c'était le juger nécessaire. Le sentiment qui inspirait le ministère alors est le même qui, plus tard, le portait à multiplier les garanties de l'amortissement, quoiqu'il en ait de suffisantes; le sentiment qui animait la chambre est le même qui lui avait fait rejeter l'amendement de M. de Noailles, quoiqu'elle ait déclaré l'indemnité définitive. C'est ce que nous avons tâché d'expliquer dans notre numéro du 23. « Le rejet des » deux amendemens, disions-nous, c'est la voix de l'hon-» neur qui s'indigne du soupçon. »

Au recensement du scrutin, il s'est trouvé 124 boules noires; ce sont 124 amendemens ou sous-amendemens qui protestent. La loi est maintenant devant la chambre des pairs; cette assemblée auguste saura concilier les nécessités et les droits, la politique et l'humanité, le juste et le possible; car c'est toute la loi. Espérons aussi qu'un grand scandale sera ôté, que nous ne serons plus témoins de ces alliances trompeuses entre deux systèmes antipathiques; trompeuses en effet, car en favorisant celui qui attaque une loi dans des vues opposées aux miennes, j'agis au fond contre mes propres vues : je combats un adversaire pour seconder un ennemi; je satisfais une opinion passagère au détriment d'un principe éternel. Laissons gémir et rugir l'opposition libérale; il s'agit en effet de tout son être. Elle prend les armes pour ses foyers et ses autels. Faudra-t-il donc regretter les tems de sa puissance?

*Nam quanquam ferus hostis erat, tamen illuc ab uno*
*Corpore, et ex unâ pendebat origine bellum.*

www.ingramcontent.com/pod-product-compliance
Lightning Source LLC
Chambersburg PA
CBHW060527050426

42451CB00009B/1195